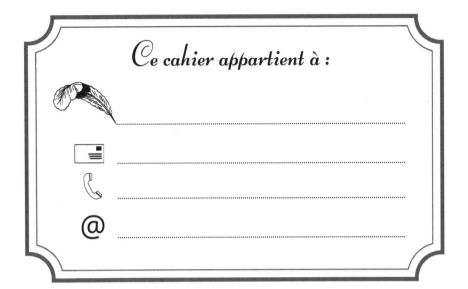

Ce cahier appartient à :

……………………………………………………………………

✉ ……………………………………………………………………

☏ ……………………………………………………………………

@ ……………………………………………………………………

D1693121

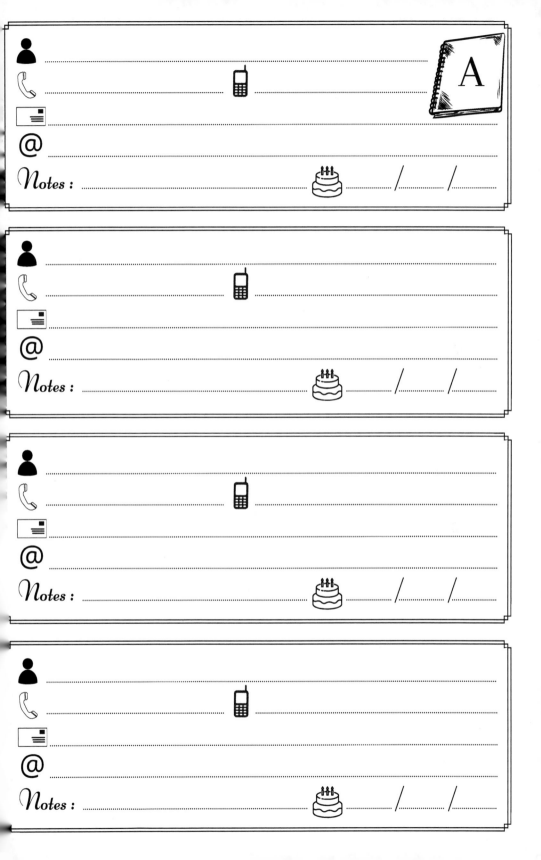

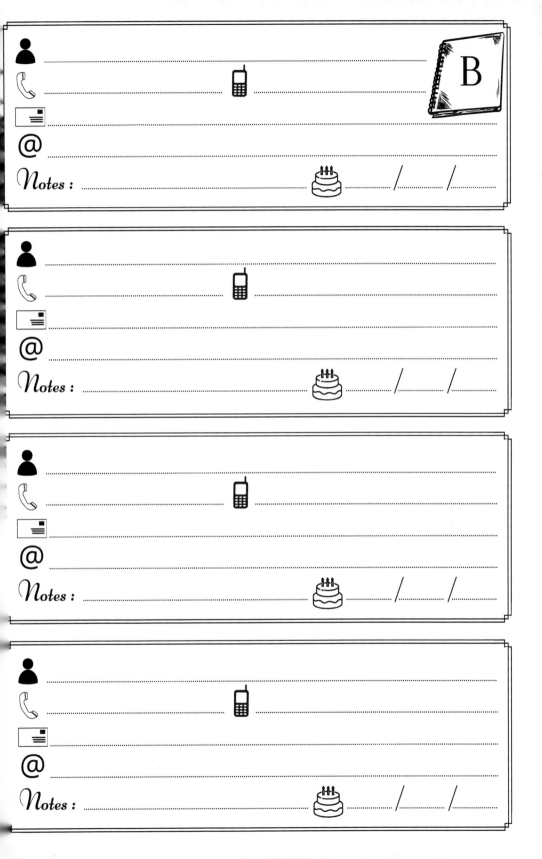

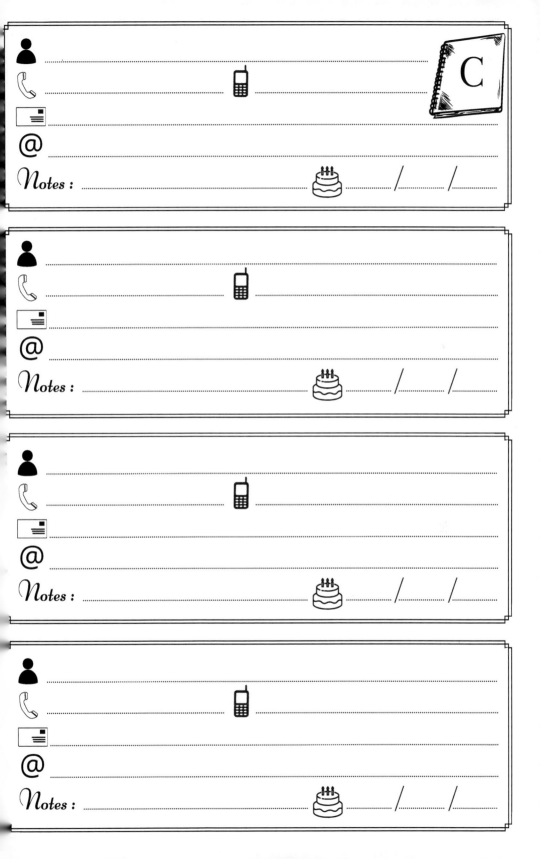

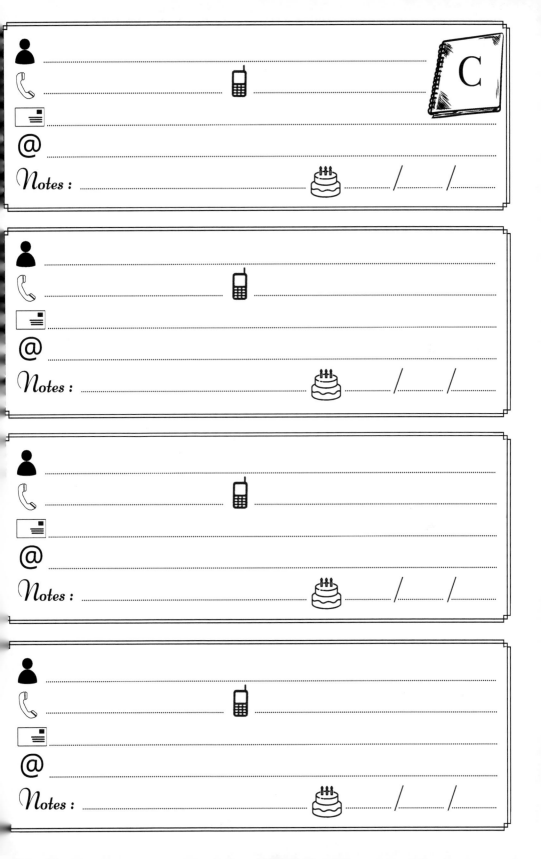

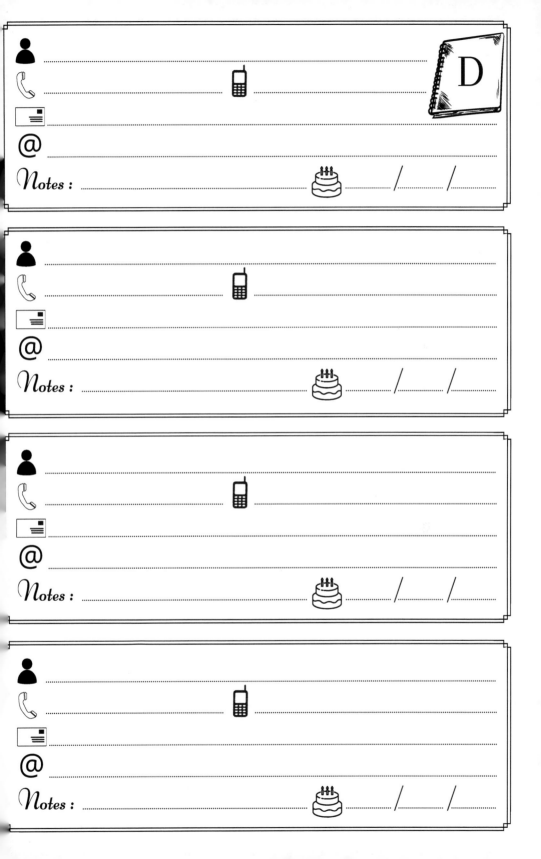

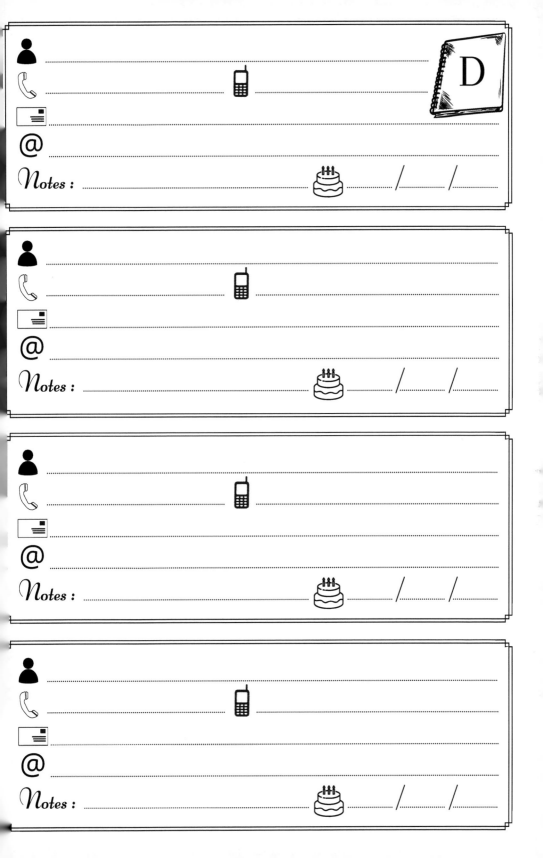

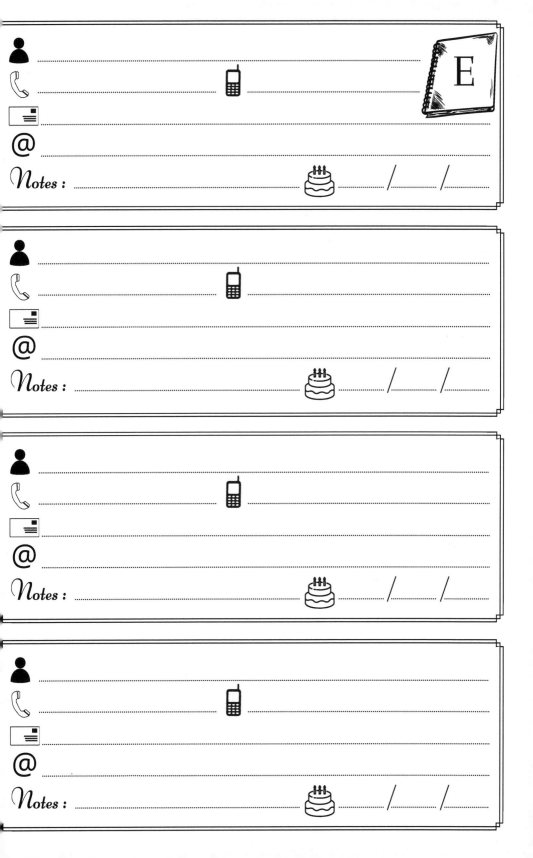

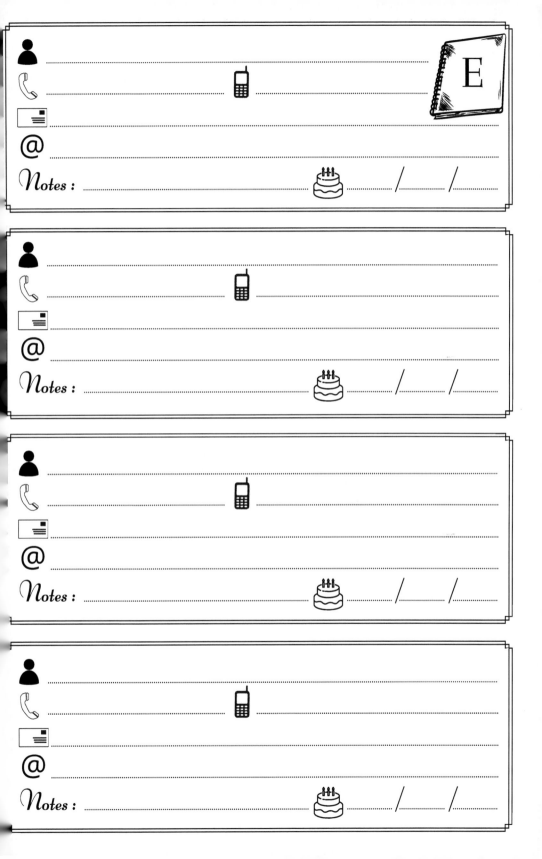

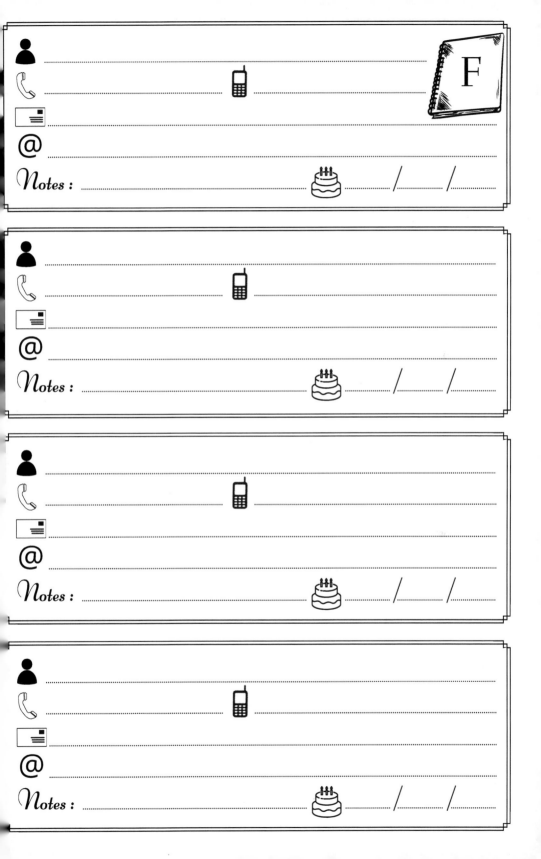

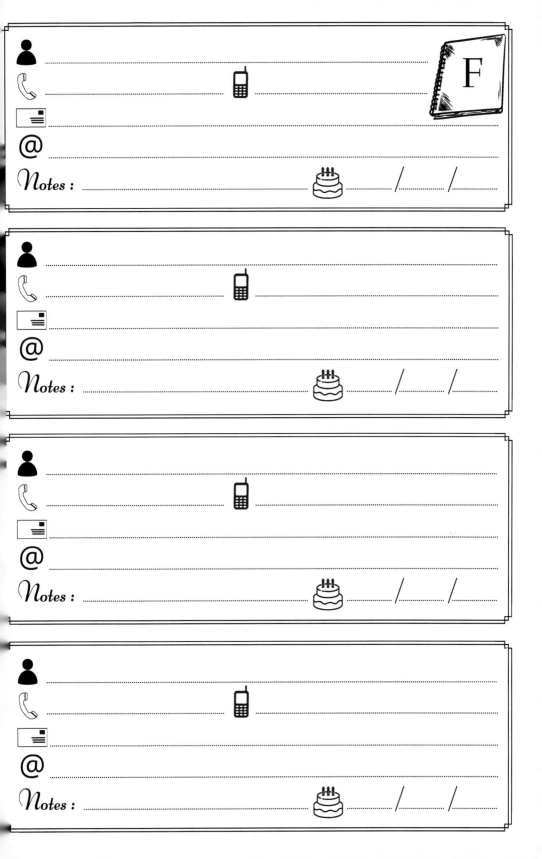

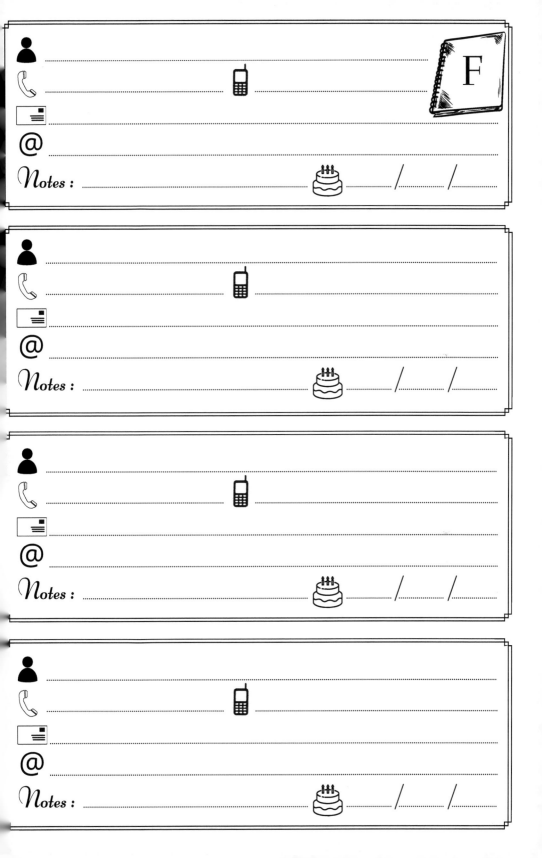

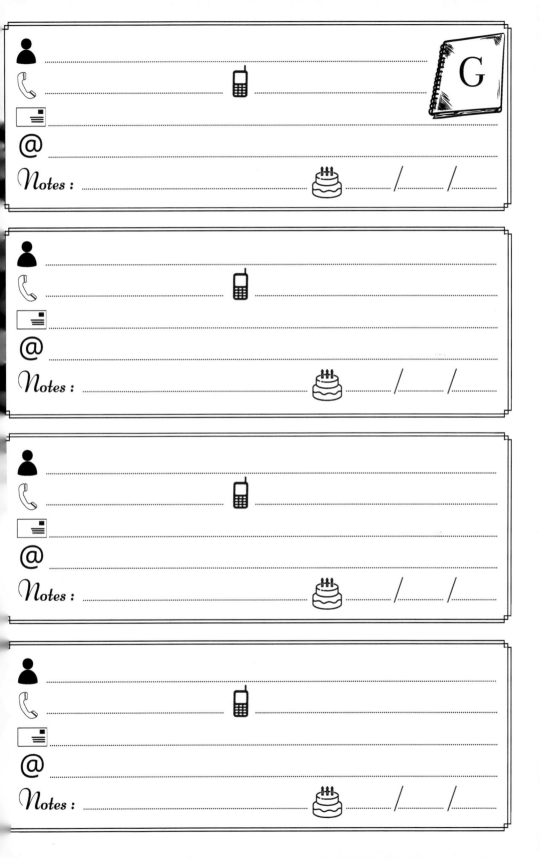

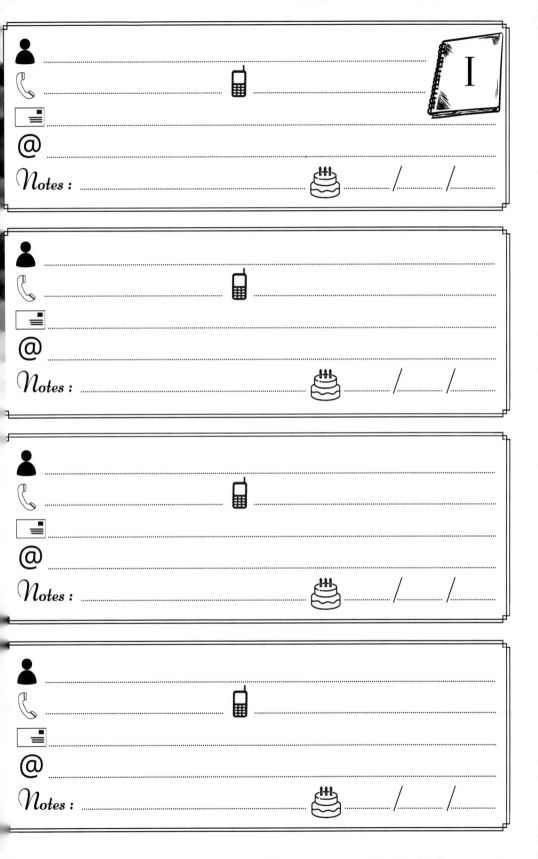

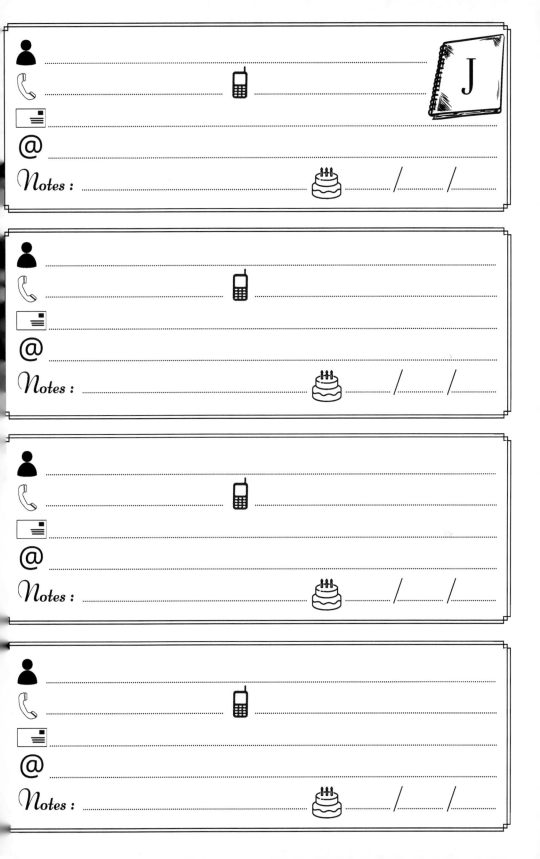

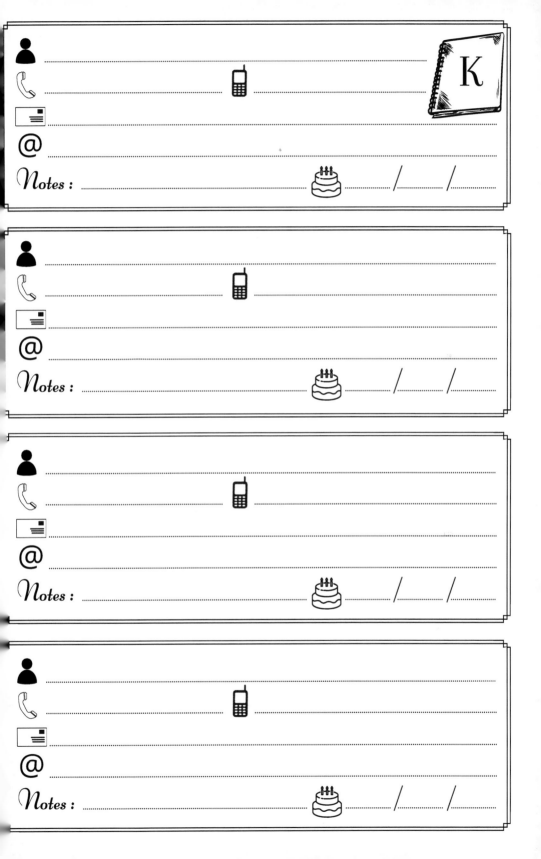

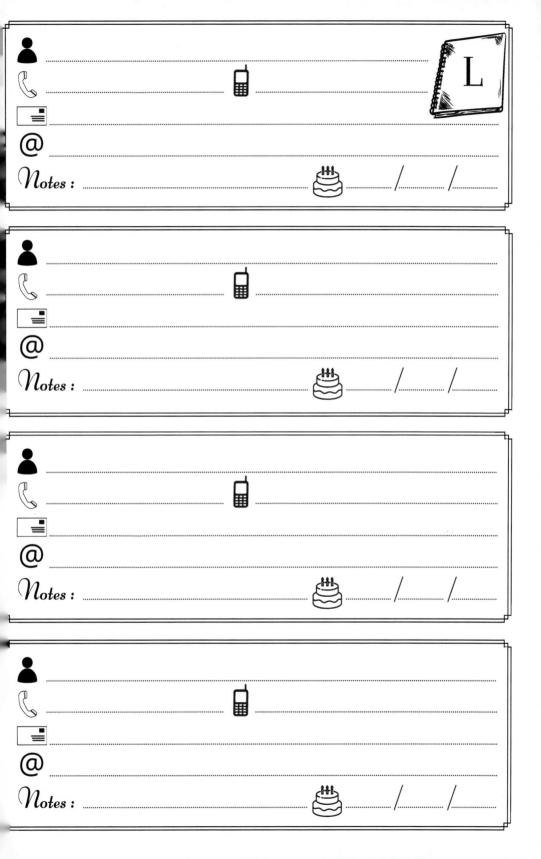

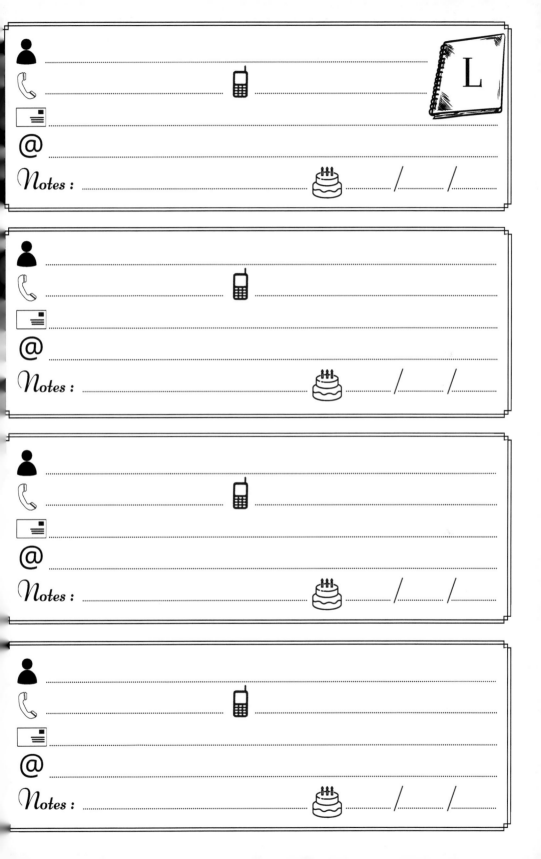

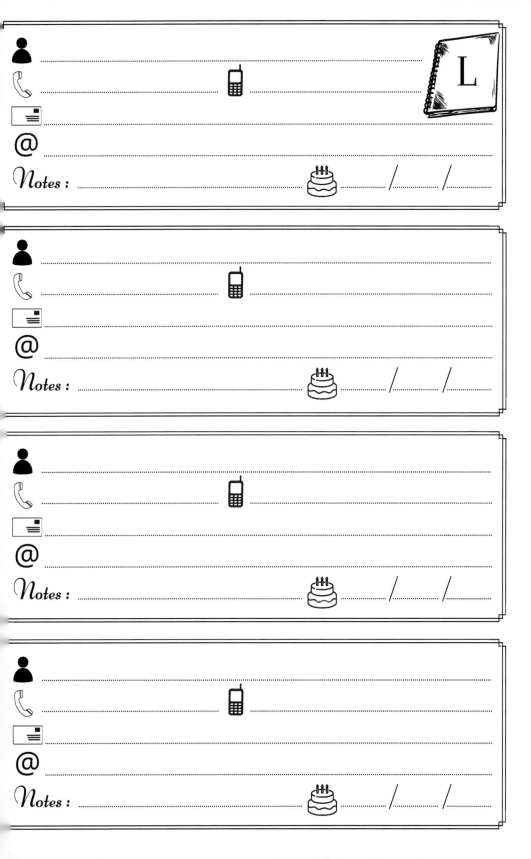

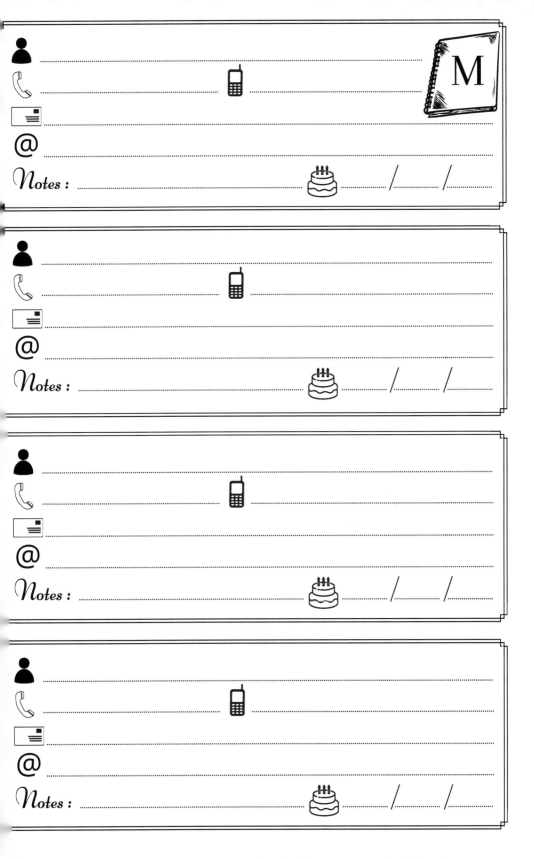

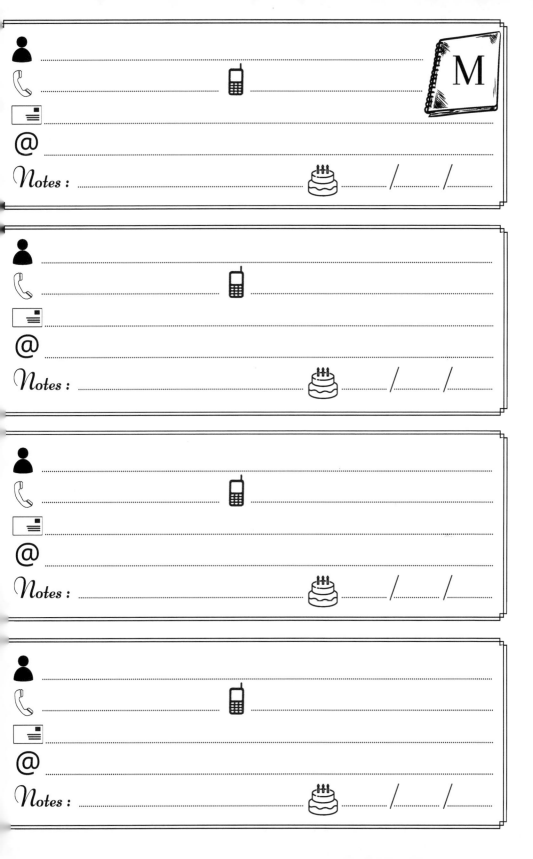

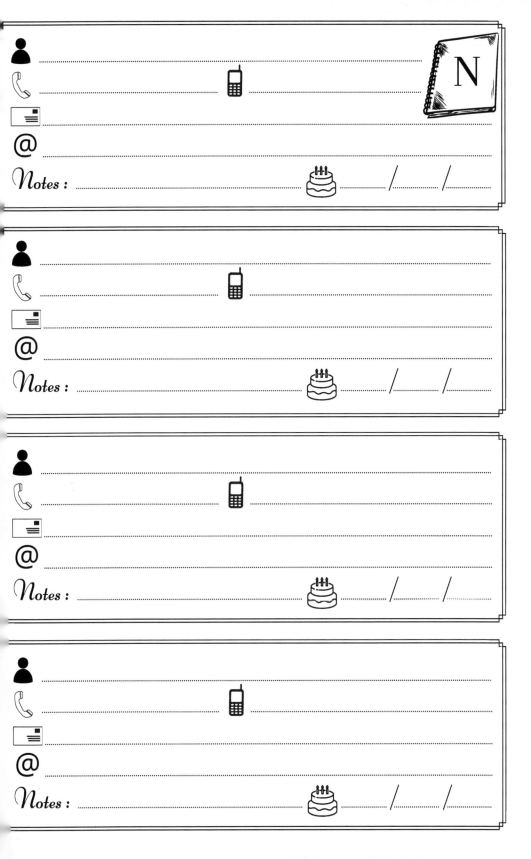

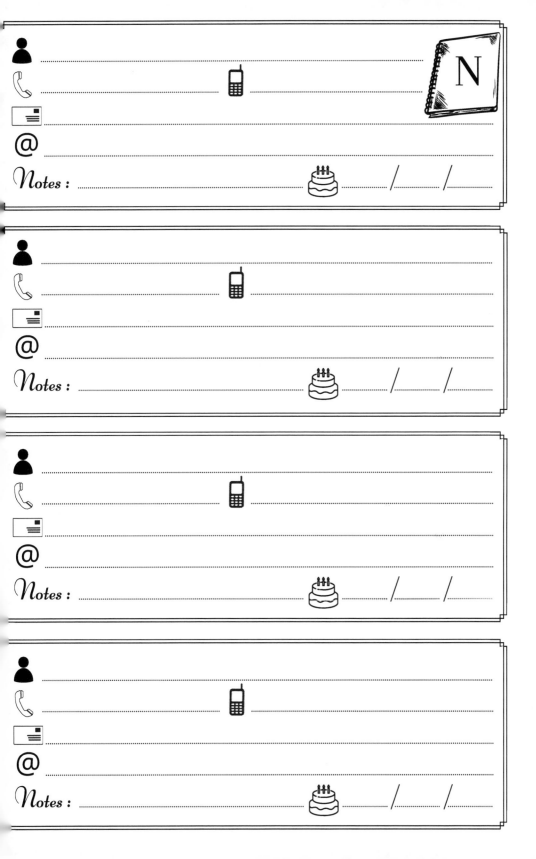

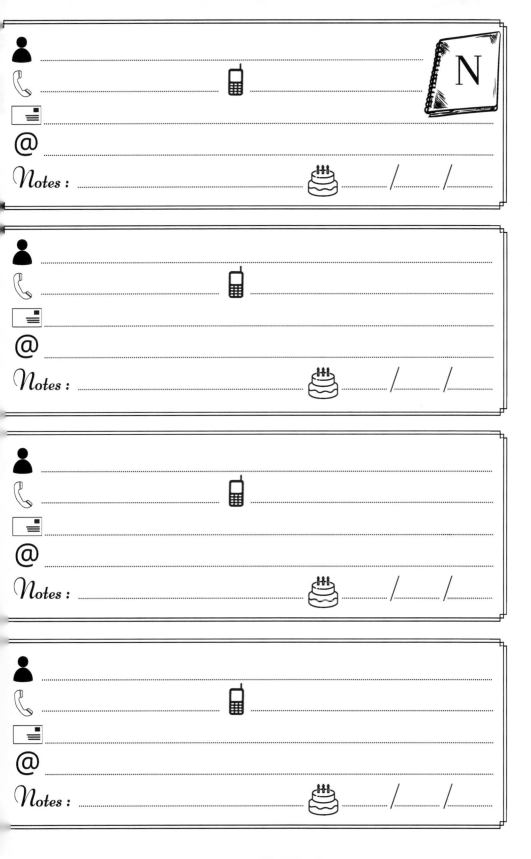

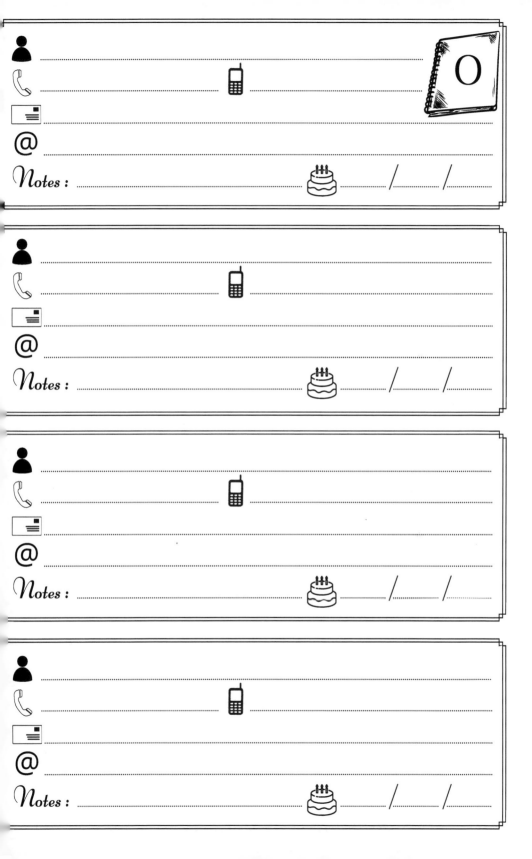

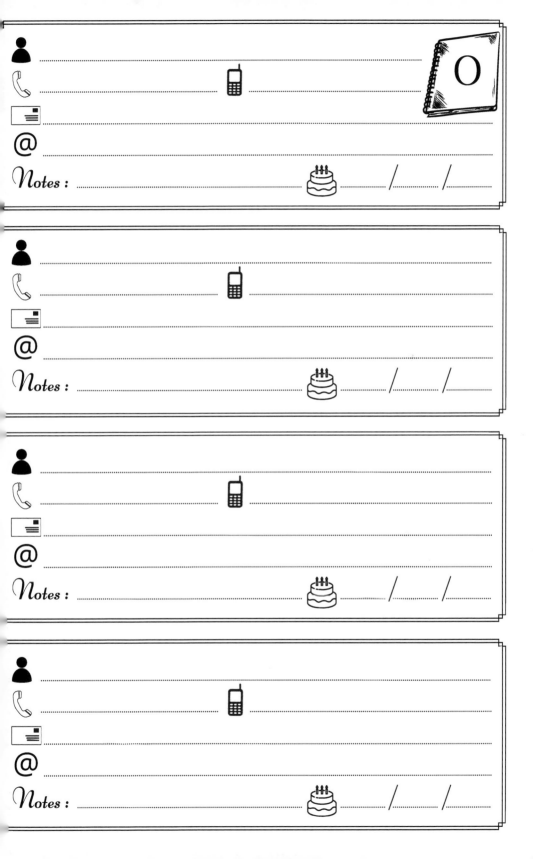

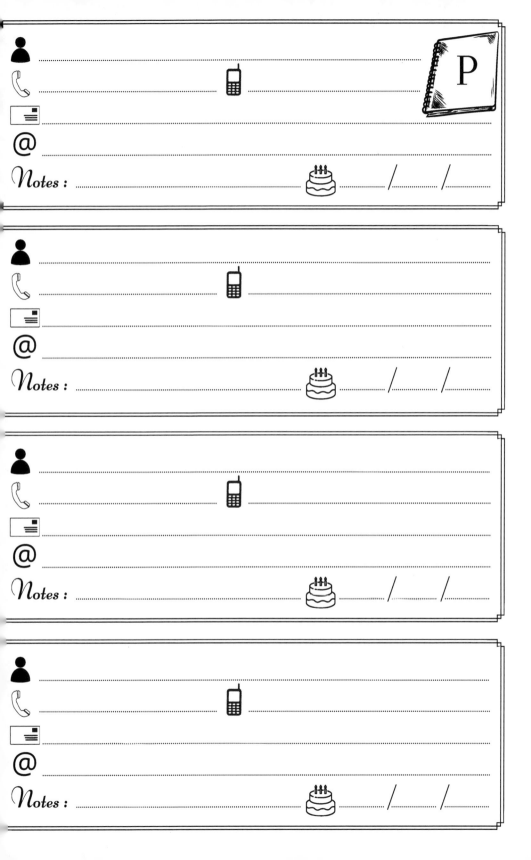

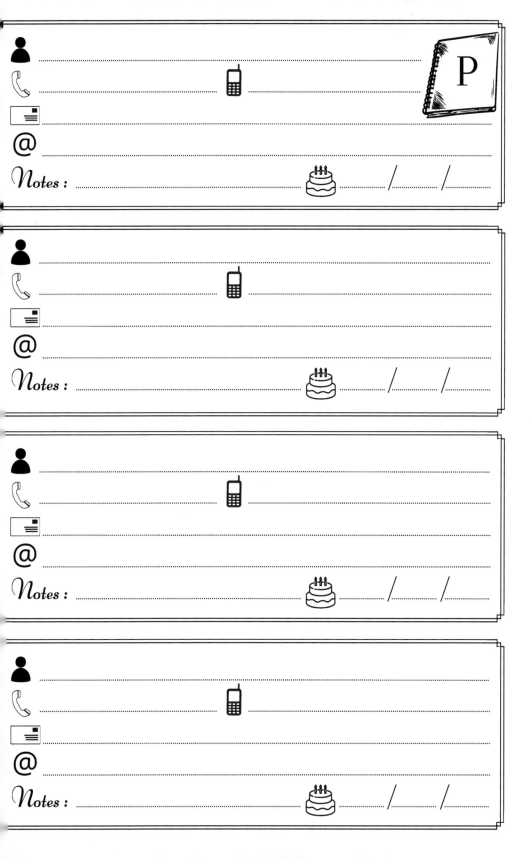

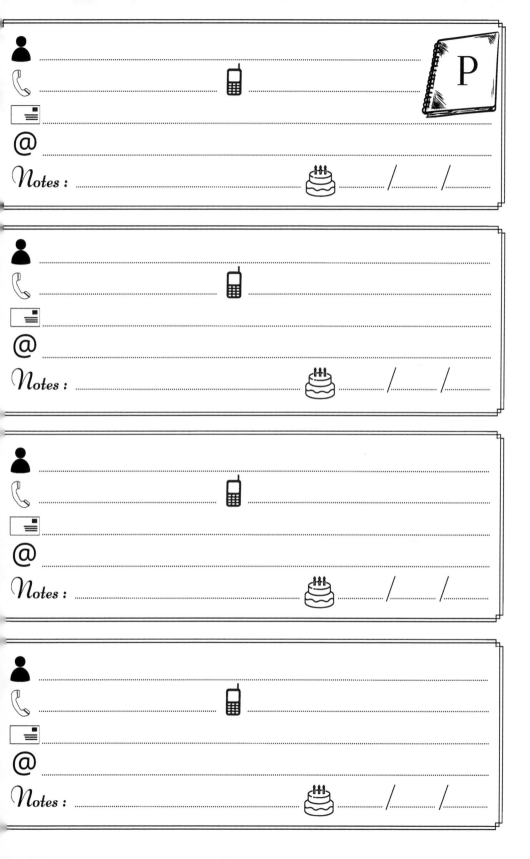

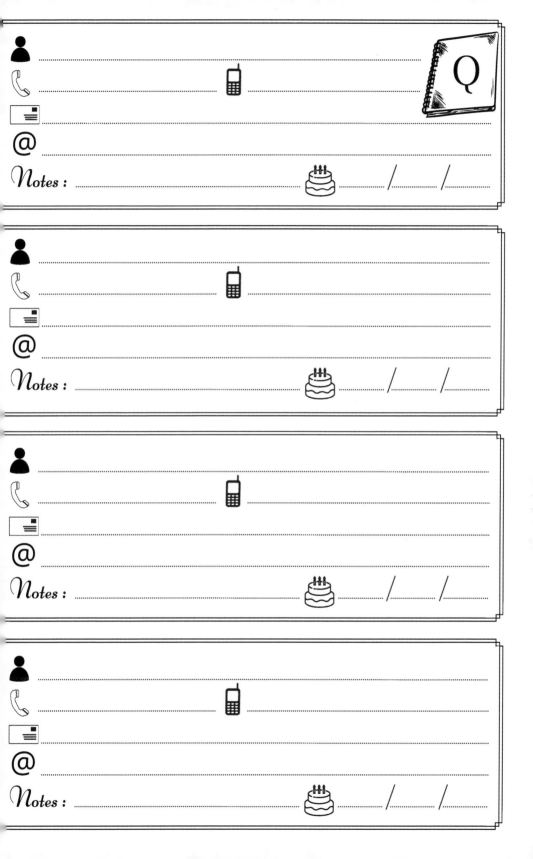

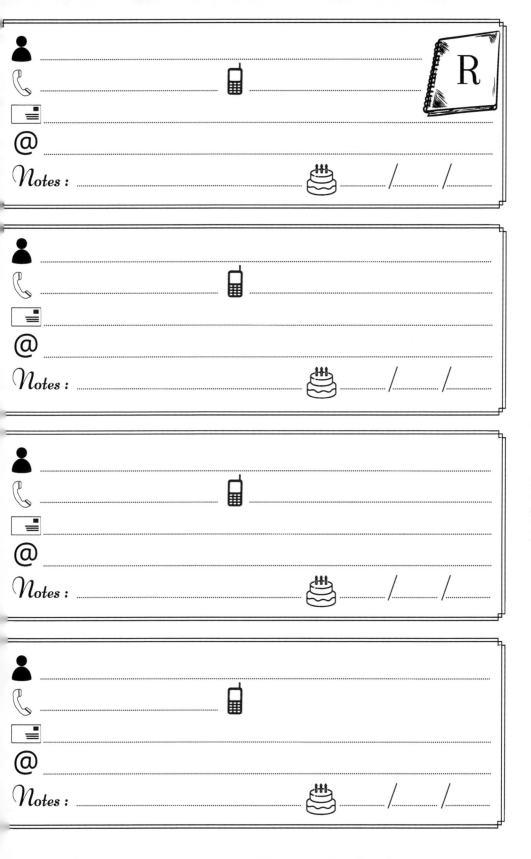

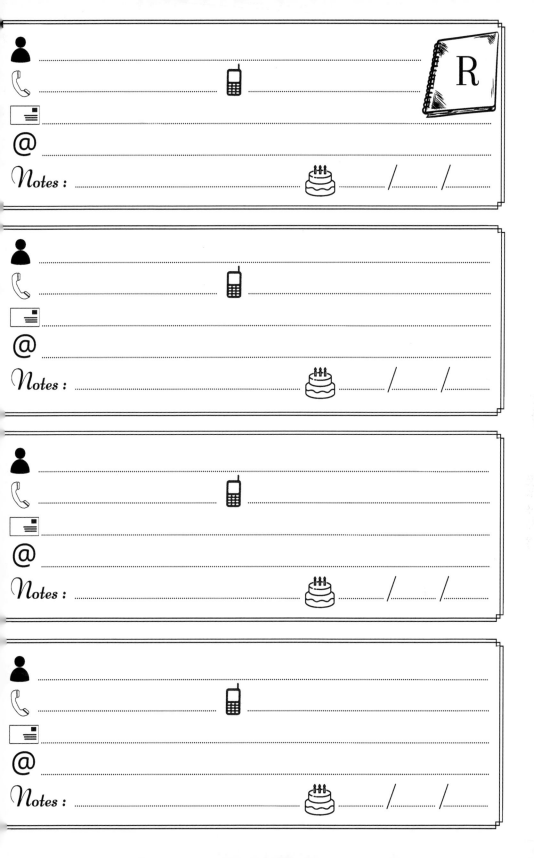

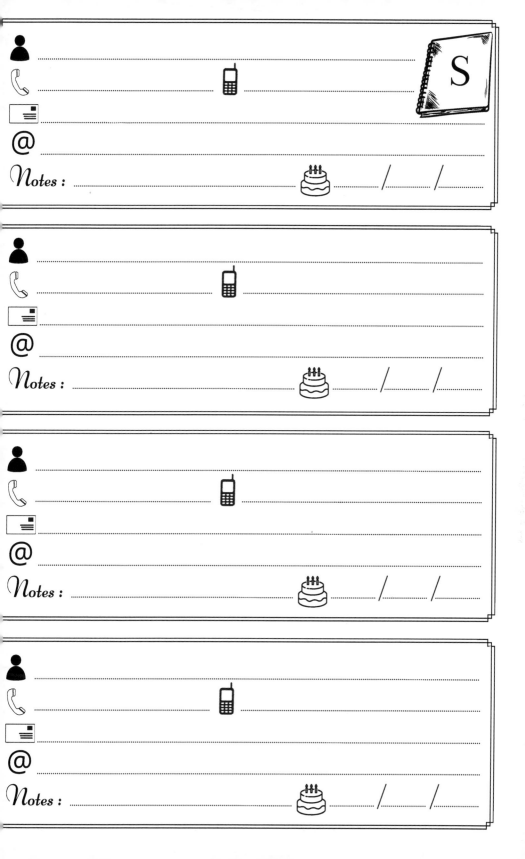

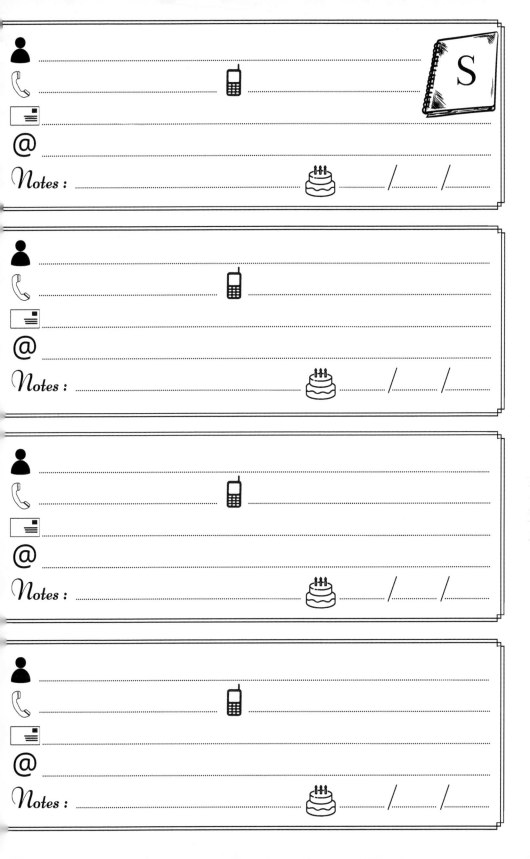

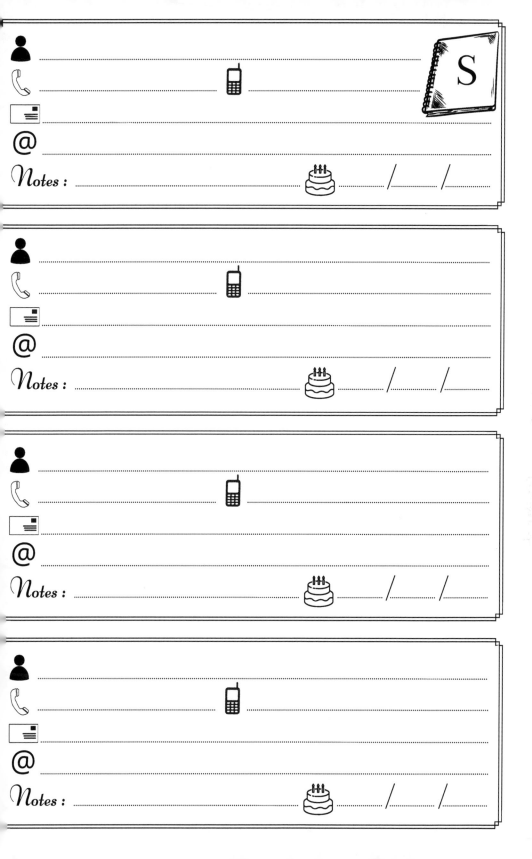

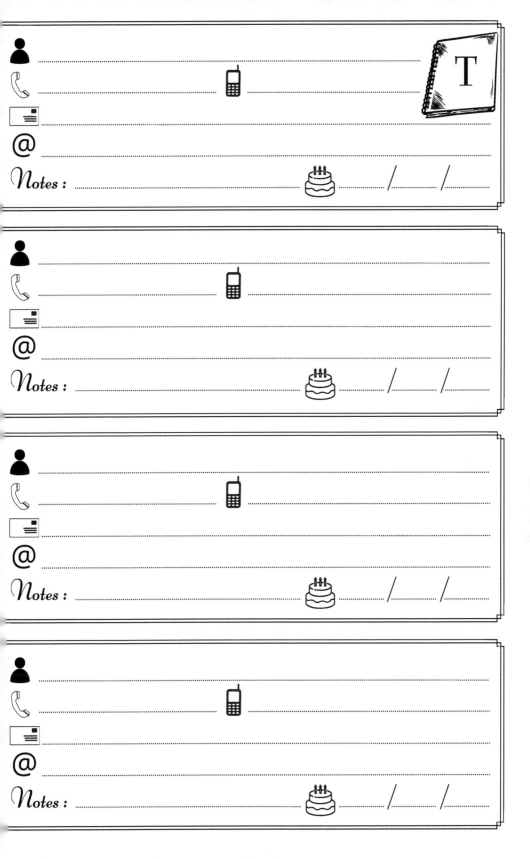

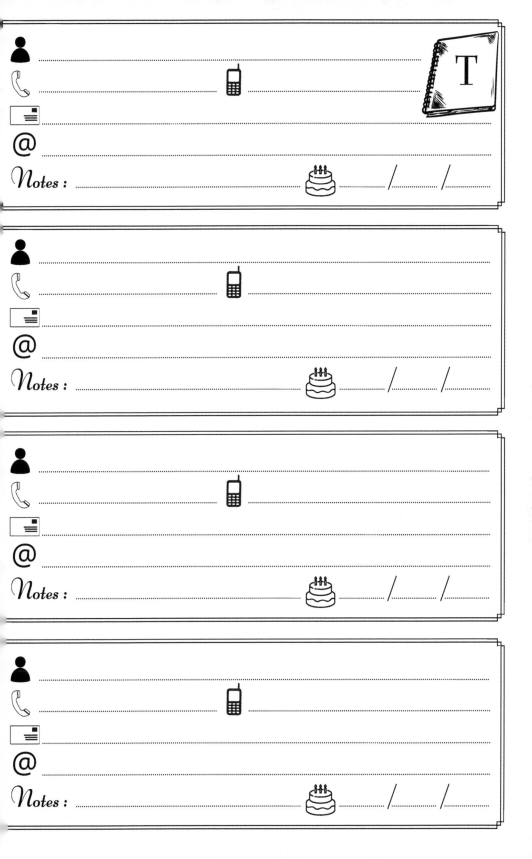

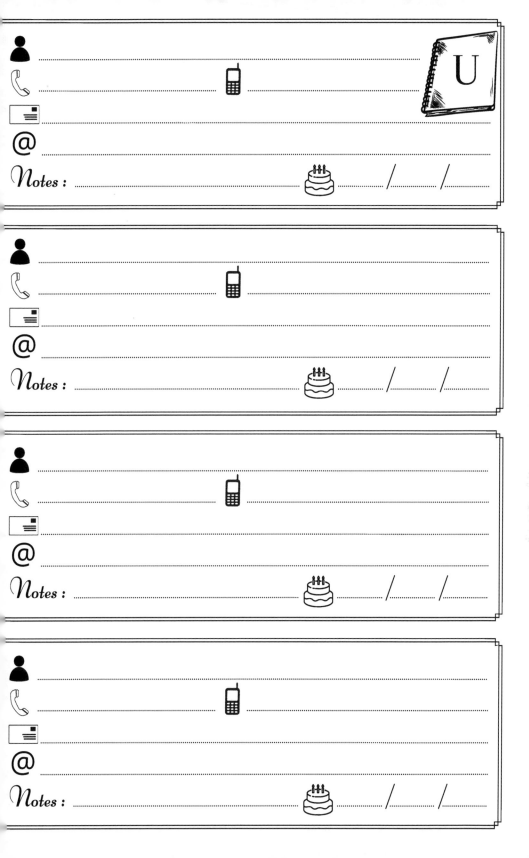

U

- 👤 ....
- 📞 .... 📱 ....
- ✉ ....
- @ ....
- 𝒩otes : .... 🎂 ..../......../........

- 👤 ....
- 📞 .... 📱 ....
- ✉ ....
- @ ....
- 𝒩otes : .... 🎂 ..../......../........

- 👤 ....
- 📞 .... 📱 ....
- ✉ ....
- @ ....
- 𝒩otes : .... 🎂 ..../......../........

- 👤 ....
- 📞 .... 📱 ....
- ✉ ....
- @ ....
- 𝒩otes : .... 🎂 ..../......../........

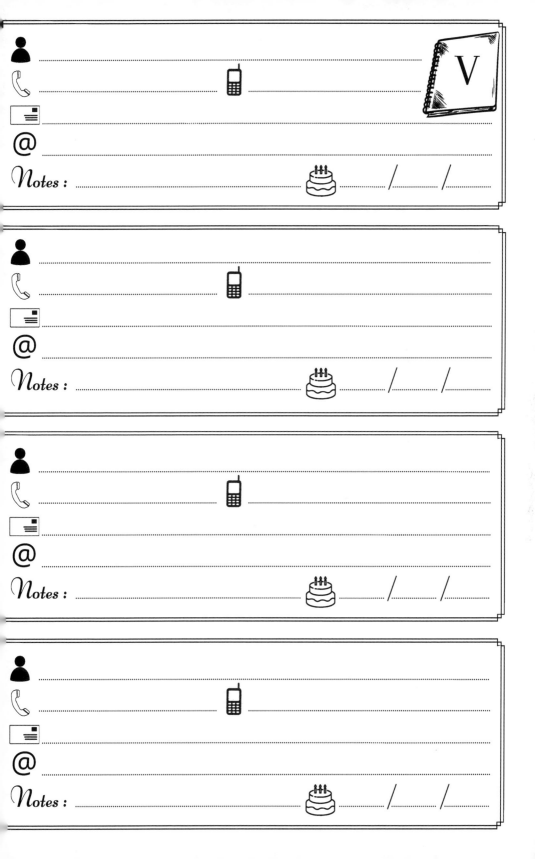

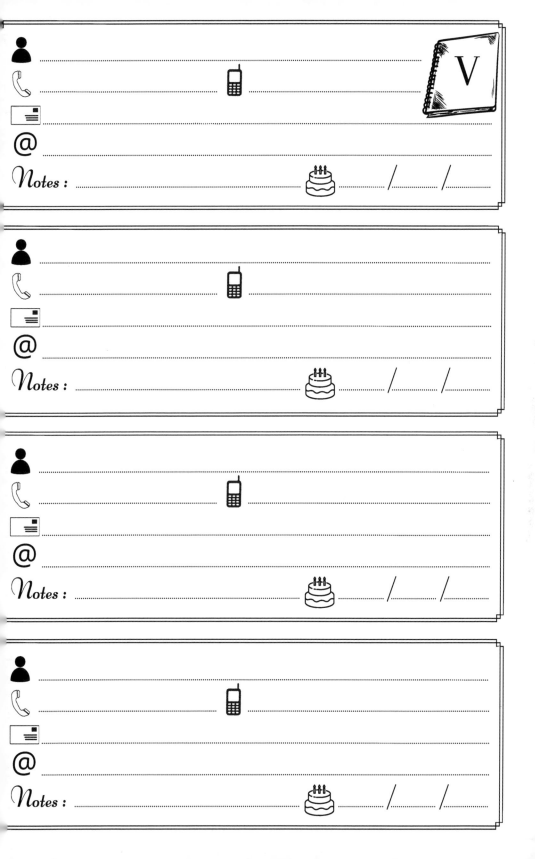

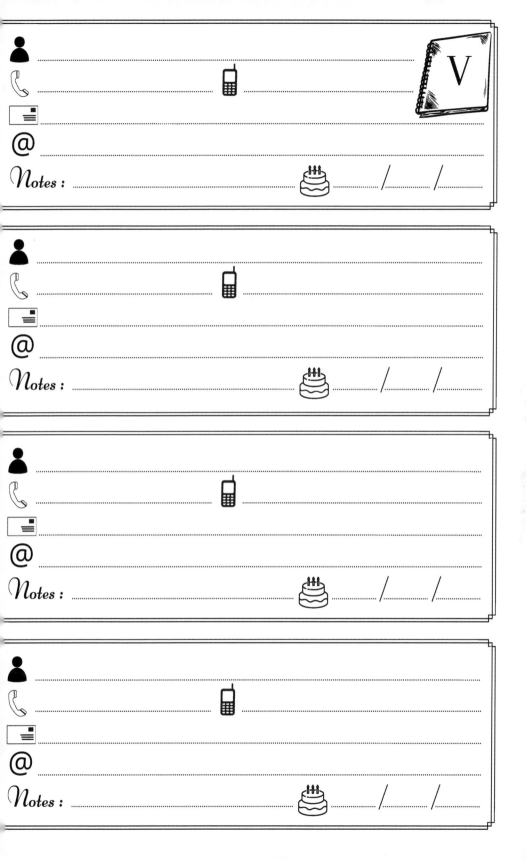

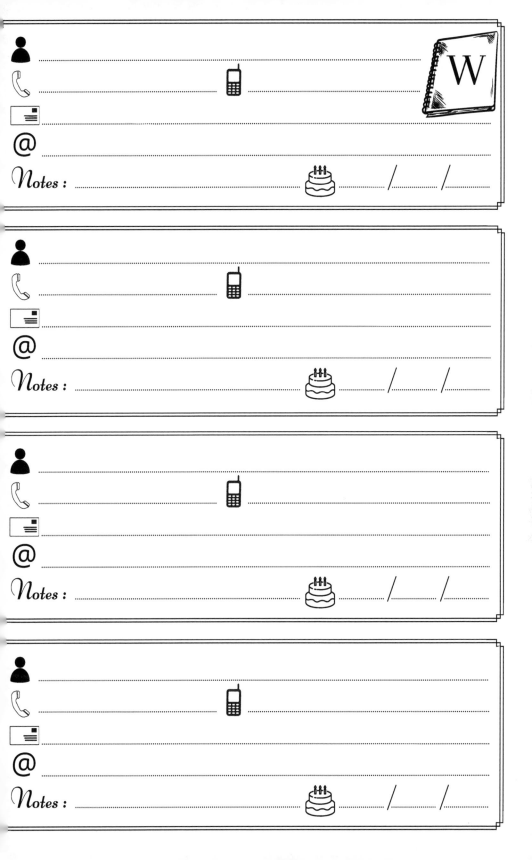

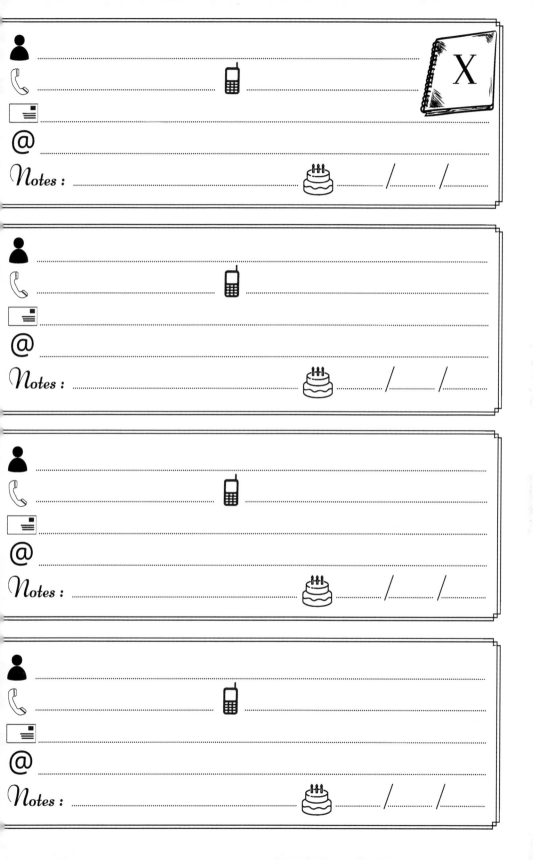

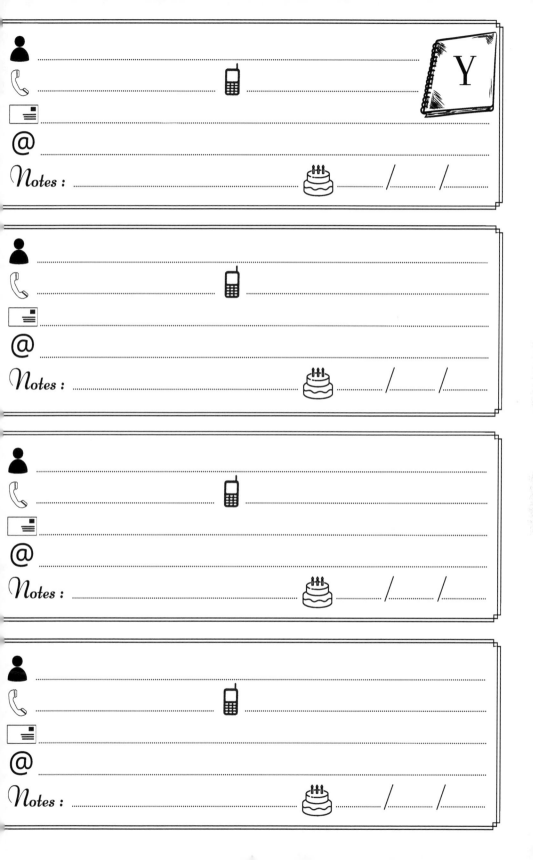

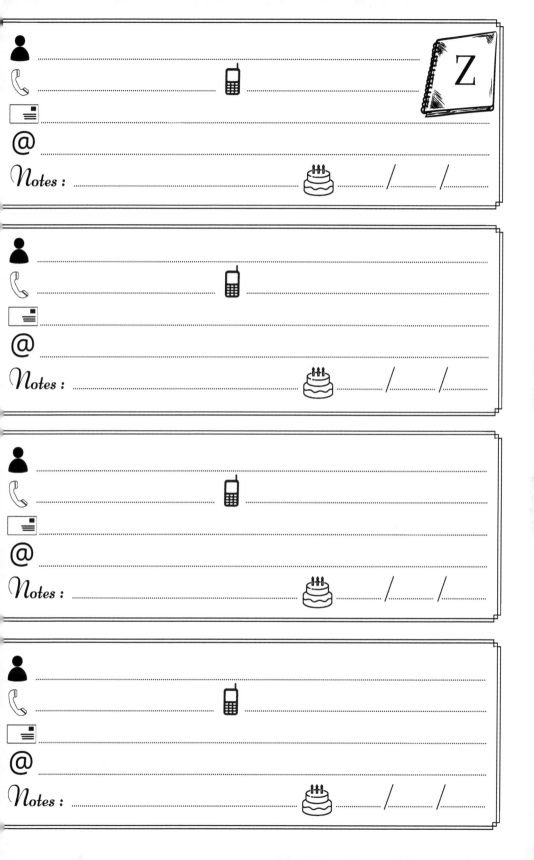

Printed in France by Amazon
Brétigny-sur-Orge, FR

16572706R00063